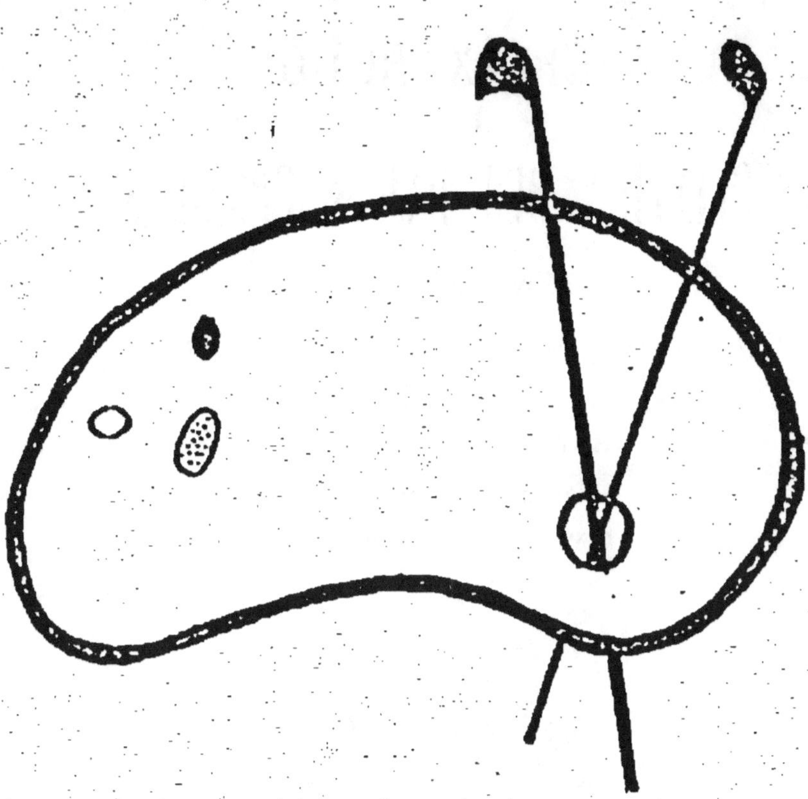

DEBUT D'UNE SERIE DE DOCUMENTS
EN COULEUR

ASSOCIATION DES DAMES FRANÇAISES

LA CROIX ROUGE

ET

L'ASSOCIATION DES DAMES FRANÇAISES

CONFÉRENCE

Faite le Jeudi 27 Janvier 1898, au Musée Guimet

PAR

M. Arthur DESJARDINS.

MEMBRE DE L'INSTITUT,

AVOCAT GÉNÉRAL A LA COUR DE CASSATION.

SIÈGE DE L'ASSOCIATION:

PARIS, 10 Rue Gaillon.

(Avenue de l'Opéra.)

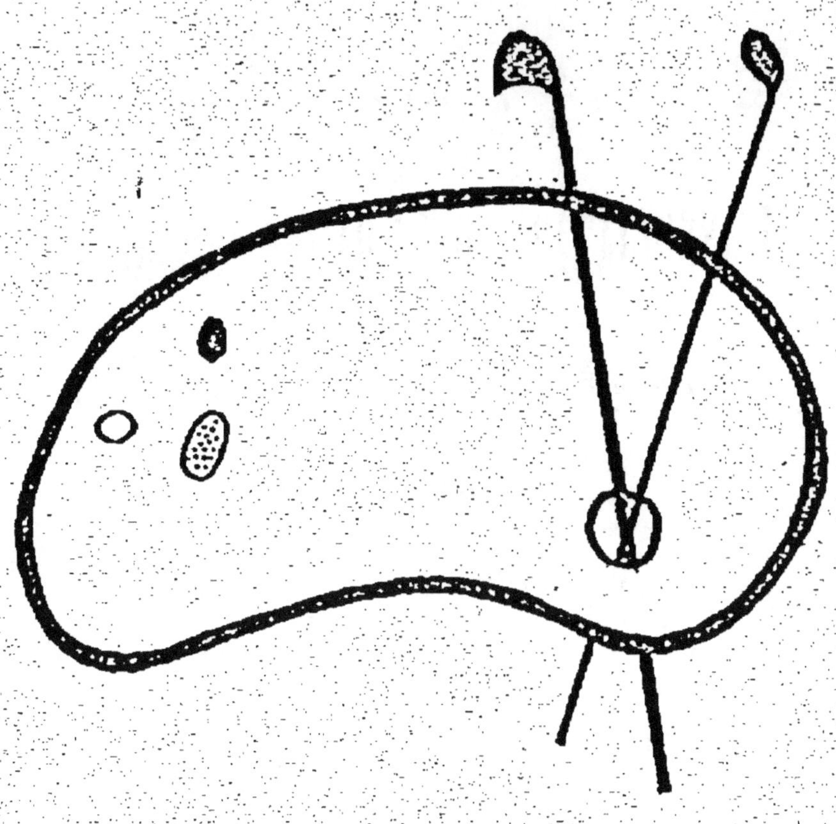

FIN D'UNE SERIE DE DOCUMENTS
EN COULEUR

ASSOCIATION DES DAMES FRANÇAISES

LA CROIX ROUGE

ET

L'ASSOCIATION DES DAMES FRANÇAISES

CONFÉRENCE

Faite le Jeudi 27 Janvier 1898, au Musée Guimet

PAR

M. Arthur DESJARDINS,

MEMBRE DE L'INSTITUT,

AVOCAT GÉNÉRAL A LA COUR DE CASSATION.

SIÈGE DE L'ASSOCIATION :
PARIS, 10 Rue Gaillon,
(Avenue de l'Opéra.)

(13)

LA CROIX ROUGE

ET

L'ASSOCIATION DES DAMES FRANÇAISES

CONFÉRENCE

Faite le Jeudi 27 Janvier 1898, au Musée Guimet

PAR

M. Arthur DESJARDINS,

MEMBRE DE L'INSTITUT,

AVOCAT GÉNÉRAL A LA COUR DE CASSATION.

MESDAMES, MESSIEURS,

Je ne viens pas faire une Conférence académique et littéraire, semblable à celles qu'on entend quelquefois dans les salons, épilogue ou préface d'une comédie ou d'une opérette. Je viens, Mesdames, vous entretenir de vous-mêmes ou, pour mieux dire, de ce qu'il y a de plus noble en vous : de votre patriotisme, du sentiment inaltérable et profond qui vous pousse à vous prodiguer, sans relâche, pour notre vaillante armée, à lui donner votre temps, votre esprit, votre cœur, à guérir ses souffrances, à panser ses blessures. Plus le sujet est grave, plus il est digne de vous. Il ne vous déplaira pas de faire avec moi, sur le sommet où vous êtes en ce moment parvenues, une halte d'une heure : nous jetterons ensemble un coup d'œil sur le long chemin que vous avez déjà fait et vous reprendrez votre route avec un nouvel élan.

PREMIÈRE PARTIE

I

La Croix-Rouge : son origine et son but.

Il faut vous transporter par la pensée dans la plaine de Solferino. Les Autrichiens ont laissé sur le champ de bataille, qui avait cinq lieues de front, un très grand nombre de morts et de blessés, les Piémontais comptent 49 officiers tués, 167 officiers blessés, 3,045 sous-officiers ou soldats blessés; les Français 11,200 blessés. Mais les souffrances ne sont pas finies avec le combat : des bataillons entiers n'ont pas de vivres; officiers et soldats sont réduits à boire dans des mares boueuses remplies de sang caillé. Quand il s'agit de relever et de soigner les blessés, le personnel manque: beaucoup d'entre eux sont abandonnés sur le champ de bataille pendant trente heures. Lorsqu'on veut opérer l'*évacuation*, les moyens de transport font défaut. On dirige confusément ces blessés sur Castiglione; mais trop de convois se succèdent (on y a reçu et dirigé sur d'autres villes ou villages, en six jours, 10,000 soldats). Pas de bandes, pas de chemises, pas de lits. On ne peut pas même organiser les soins médicaux d'une façon régulière.

Cette désorganisation, cet encombrement, ces souffrances ont frappé tous les hommes compétents, tous les spectateurs attentifs : d'abord le baron Larrey, médecin en chef de l'armée française; puis l'Empereur Napoléon III lui-même qui fera bientôt connaître à l'Europe, dans une proclamation célèbre, quels sentiments d'horreur et de pitié l'agitèrent à ce lamentable spectacle, enfin le pasteur suisse Henri Dunant qui, rentrant à Genève, retrace dans un volume intitulé : *Souvenir de Solferino*, ce désarroi, cet abandon forcé, ces douleurs physiques et morales. Il cherche un remède au mal : en montrant la grandeur et la beauté des efforts individuels faits d'abord à Castiglione, puis à Brescia, à Plaisance, à Milan, il en signale l'insuffisance; il réclame la formation de sociétés fortement constituées, capables d'apporter en temps de guerre un concours efficace au service de santé des armées, préparant ce labeur de la guerre par le labeur de la paix. Les conclusions de ce livre sont adoptées le 9 février 1863 par la « Société Genevoise d'utilité publique », et celle-ci provoque à son tour la réunion d'une conférence qui se réunit à Genève dans la même année, le 26 octobre. Des trente-six membres qui la composèrent, dix-huit étaient des délégués officiels, représentant quatorze gouvernements.

Je résume très brièvement les résolutions et les vœux adoptés par cette conférence.

Résolutions. — L'initiative individuelle devait former dans chaque pays un Comité chargé de concourir au service de santé des armées ; ce Comité, tout en conservant la direction générale, pourrait être secondé par des sections, en nombre illimité; chacun des Comités devait se mettre en rapport avec son gouvernement national et faire agréer ses offres de service. Comités et sections étaient tenus de préparer en temps de paix des secours matériels de tous genres, en cherchant à instruire des infirmiers volontaires. En cas de guerre, ils devaient organiser et mettre en activité ces infirmiers; ils disposaient, d'accord avec l'autorité militaire, des locaux nécessaires pour soigner les blessés. Les infirmiers volontaires porteraient enfin, dans tous les pays, comme signe distinctif uniforme, un brassard blanc avec croix rouge.

Vœux. — Les gouvernements étaient priés d'accorder leur haute protection aux Comités de secours, de proclamer la neutralisation des ambulances, des hôpitaux militaires, du personnel sanitaire officiel, des infirmiers volontaires, des blessés eux-mêmes, d'admettre un signe distinctif pour les corps sanitaires de toutes les armées, d'adopter un même drapeau, dans tous les pays, pour les hôpitaux et les ambulances.

Le Comité genevois n'avait accompli que la moitié de son œuvre : il fallait amener les puissances à s'obliger les unes envers les autres par une convention diplomatique. L'accord est si facile quand il ne s'agit que de poser des principes et devient, en général, si malaisé dès qu'il faut passer à l'action ! Cette fois, grâce à l'entente des gouvernements français et prussien, les obstacles furent complètement aplanis. Avec l'agrément et le concours du Conseil fédéral suisse, les plénipotentiaires de douze puissances signèrent, le 22 août 1864, la convention de Genève. J'aurai bientôt l'occasion de mettre en relief quelques-unes de ses dispositions principales et d'en signaler la portée. Je me borne à dire, en ce moment, que les vœux émis par la Conférence officieuse de l'année précédente étaient exaucés. Ce vieux dogme du droit des gens, qui excluait de la zone des opérations guerrières tout particulier servant les intérêts militaires des belligérants, fléchissait décidément devant la volonté de l'Europe. Un drapeau distinctif et uniforme était adopté pour les hôpitaux, les ambulances et les évacuations; il devait être, en toute circonstance, accompagné du drapeau national ; un brassard, délivré par l'autorité militaire, était également admis pour le personnel neutralisé : le brassard et le drapeau portaient croix rouge sur fond blanc. La *Croix Rouge* était fondée.

La dénomination actuelle n'entra pourtant dans la langue diplomatique officielle que trois ans après. En 1867, la société néerlandaise de secours aux blessés s'intitula spontanément « Société de la Croix Rouge ». Le mot fit fortune. D'abord on ne pouvait pas mieux traduire la pensée des puissances qui avaient adopté, dans la convention de 1864, un emblème distinctif; ensuite on ne pouvait pas caractériser d'une façon plus claire et plus propre à frapper l'imagination populaire ce but d'universelle charité que se proposaient les associations nouvelles. C'est pourquoi les sociétés déjà fondées en Espagne, en Russie, en Allemagne, en Autriche, en Italie, en Danemark, « sans se laisser arrêter par la formalité d'un second baptême (1) », adoptèrent promptement ce nouveau vocabulaire. Les Turcs, seuls, repoussèrent à la fois le mot et la chose. D'abord la Porte refusa les autorisations nécessaires aux sociétés de secours formées sur le territoire ottoman pendant la guerre de 1877, qui n'auraient pas substitué le Croissant à la Croix : c'était déjà se mettre hors de la convention. En outre, le 22 août 1877, des soldats de la cavalerie régulière turque, ayant rencontré Luca Popovitch, secrétaire d'un Comité de la *Croix Rouge*, dans l'exercice de ses fonctions, lui coupèrent d'abord le bras que couvrait le brassard blanc ; puis, après l'avoir tué d'un coup de feu dans la poitrine, lacérèrent la croix. Bien qu'on ne regarde pas, en général, la Convention de Genève comme un pacte qui ne serait obligatoire que sous condition de réciprocité, cette attitude de la Turquie déconcerta le comité international de Genève et refroidit, du moins au début des hostilités, le zèle des neutres.

Je voudrais signaler et mettre en relief les idées fondamentales sur lesquelles reposent la formation et la constitution de ces sociétés de la *Croix Rouge*.

II

Préparatifs en temps de paix.

La Convention de Genève, à n'en consulter que le texte, est sans application en temps de paix. Mais elle implique la formation, antérieure à la guerre, des sociétés qui doivent concourir, en temps de guerre, au service de santé des armées.

(1) G. MOYNIER, *La Croix Rouge*, p. 41.

Il est impossible de se figurer en effet que, du jour au lendemain, quand la guerre vient d'éclater, les sociétés de la *Croix Rouge* se constituent, s'organisent, improvisent leur personnel et leur matériel. En procédant avec cette imprévoyance, elles aboutiraient à l'échec le plus pitoyable.

Ecoutez le premier cri qui s'échappe de la poitrine du pasteur DUNANT, quand il constate à la fois, au lendemain de Solferino, l'élan sublime des efforts individuels, mais aussi le désarroi, la confusion, l'insuffisance, l'impuissance du personnel improvisé. « N'y aurait-il pas moyen, « demande-t-il, de constituer, pendant une époque de paix, des sociétés « de secours pour faire donner des soins aux blessés, en temps de guerre, « par des volontaires zélés et dévoués ? »

Tel est encore le premier, j'allais dire le principal objet des délibérations prises à Genève, en octobre 1863, par la première Conférence réunie sur l'initiative de la Société genevoise d'utilité publique (1).

M. Gustave MOYNIER, président du *Comité international de la Croix Rouge*, a développé la même idée avec une persévérance infatigable. « Les « sociétés préexisteront vainement à la guerre, écrivait-il en 1882, si elles « ne mettent cette circonstance à profit pour y préluder par un certain « nombre de travaux préparatoires. A la suite des terribles expériences « de l'année 1870, on a vu les sociétés des belligérants d'alors et celles de « plusieurs neutres entreprendre avec décision des apprêts qu'elles se « repentaient d'avoir trop négligés. Cette sage conduite s'impose à toutes « les sociétés de la *Croix Rouge...* » Il a repris et complété sa démonstration en 1896 (2). Comment, si l'on attend la dernière heure, éviter les tâtonnements? Comment enrôler en un clin d'œil des agents nombreux et capables : médecins, infirmiers, brancardiers, convoyeurs? De grandes batailles seraient probablement livrées avant que les sauveteurs volontaires eussent trouvé le temps d'entrer en ligne.

Parmi ces apôtres de la défense préventive, peut-être faut-il placer au premier plan votre éminent secrétaire général, le Dr DUCHAUSSOY. « Comme « autrefois, disait-il le 31 octobre 1879, nous sommes encore disposés à « nous reposer de tout sur l'initiative du gouvernement, et à peine nous « souvenons-nous qu'en 1870 il a souvent manqué au dévouement « l'organisation préalable, la prévision mûrie des besoins, la préparation « de longue date des approvisionnements, l'association disciplinée des

(1) V. le texte de la quatrième résolution.
(2) Notions essentielles sur la *Croix Rouge*.

« efforts »; il vous rappelait alors le perfectionnement toujours croissant des moyens de destruction, les agglomérations d'hommes qui composent les armées modernes, pressentant que 300,000 malades ou blessés pourront encombrer en même temps les hôpitaux ou les ambulances et voulant opposer l'excès de la prévoyance à l'excès des calamités nouvelles : « Tout ce qui vous manquait en 1870, répétait-il l'année suivante, vous « pouvez l'acquérir pendant la paix : que la guerre éclate et il sera trop « tard », L'appel qu'il vous adressa, le 16 novembre 1888, est un chef-d'œuvre de bon sens, de patriotisme et d'éloquence : « Vous, « disait-il alors, qui avez appris les soins minutieux qu'il faut « apporter dans la préparation des instruments, des objets de panse- « ment, dans la purification de l'air que le malade respire et des vête- « ments qui le couvrent, vous savez bien que rien de tout cela ne « peut s'improviser ni même être pressenti par un ignorant, et c'est en « grande partie pour avoir méconnu cette nécessité d'un enseignement « préalable qu'on a vu en 1870 des ambulances luxueusement approvi- « sionnées, où sur 70 amputés pas un seul n'a guéri... En cinq jours la « mobilisation de l'armée française peut être terminée ; ce qui veut dire « que, dans la première semaine qui suivra la déclaration de guerre, il y « aura des milliers de blessés et de malades à soigner. Croyez-vous « encore qu'il sera temps de réunir le matériel et d'instruire le personnel « nécessaire à ces soins ? »

On n'a pas exécuté du premier coup, dans toute l'Europe, cette partie du programme. Nous avons tant de peine à nous figurer, en temps de paix, que la guerre peut recommencer ! Il a fallu, généralement, pour provo- quer l'éclosion de certaines sociétés, la dure leçon des faits.

La guerre de Crimée avait déjà suscité la mission réparatrice de miss Nightingale et des dames anglaises ; la guerre de Lombardie enfanta la Conférence de Genève ; la guerre du Slesvig fit naître les sociétés autri- chiennes et danoises ; la guerre de 1866, entre l'Autriche, la Prusse et l'Italie, fit éclore les sociétés du grand-duché de Bade et de la Saxe royale, en même temps qu'elle donnait une impulsion nouvelle aux œuvres italiennes et prussiennes. On peut juger de la secousse que la guerre de 1870 détermina dans toute l'Allemagne, en se rappelant que les recettes du Comité central allemand dépassèrent 70 millions, et que toutes les sociétés soldèrent leurs comptes, après la paix, par des reliquats inattendus. L'élan ne fut pas moindre en Russie, dans la dernière lutte armée entre l'empire des tsars et l'empire ottoman, car on a pu calculer que la *Croix Rouge* russe occupait en décembre 1877 90 médecins, 10 pharmaciens, 96 étudiants des deux sexes, 120 aides-chirurgiens, 500 infirmiers, 500 sœurs de charité.

Mais la *Croix Rouge* tira du rôle même qu'elle avait joué dans cette série de guerres une double conclusion : c'est que, pour éviter les tâtonnements et la déperdition des forces, les sociétés de secours avaient dû préparer pendant la paix leur campagne de secours, comme les généraux avaient préparé leur campagne stratégique ; c'est que, si la campagne stratégique était terminée à la conclusion de la paix, l'autre devait suivre son cours. Il fallait mettre à profit les mécomptes et les succès de la guerre pour renforcer et compléter l'œuvre des périodes préparatoires. Relisez le rapport fait à votre assemblée générale du 20 novembre 1896 : en Autriche, où les communes se sont déclarées prêtes à servir de centres pour le matériel des sociétés de la *Croix Rouge*, il existe aujourd'hui 3255 dépôts de ce matériel. A Wiesbaden, un des points de concentration de la *Croix Rouge* allemande, les préparatifs en vue d'une guerre éventuelle sont immenses : on comptait, il y a deux ans, 353 colonnes sanitaires en Prusse, 146 dans les États voisins ; colonnes tout équipées, prêtes à marcher, rompues par des exercices annuels à tous les procédés de transport. Cet enseignement est décisif.

« Quel est mon prochain ? » demandait au Christ le peuple de la Judée. Au lieu de donner à ses auditeurs une définition, il leur raconta la parabole et leur proposa l'exemple du bon Samaritain recueillant et faisant soigner le voyageur blessé sur la grande route. J'ai la même phrase sur les lèvres, après vous avoir retracé les efforts de nos voisins : « Allez, et faites de même. »

III

Solidarité internationale.

La *Croix Rouge*, envisagée dans son ensemble, repose sur un principe de solidarité internationale.

Sans doute elle ne forme pas une seule association, ni même une chaîne de sociétés soudées les unes aux autres. Elle ne reçoit pas son impulsion d'un centre unique. Les sociétés de la *Croix-Rouge* sont, au premier chef, des institutions nationales. « Il existe *dans chaque pays* un Comité. » C'est ainsi que débutent les résolutions adoptées en octobre 1863 par la conférence de Genève.

Mais ces sociétés ont une vie collective et c'est un de leurs caractères essentiels, je n'aurai pas de peine à l'établir.

D'abord elles procèdent d'un acte diplomatique : la Convention de Genève (22 août 1864), à l'exécution de laquelle leur sort est entièrement subordonné. Les ambulances et les hôpitaux militaires ne pouvaient pas être reconnus neutres ni, comme tels, protégés et respectés par les belligérants sans un accord international. Il fallut un accord pour faire participer au bénéfice de la neutralité le personnel des hôpitaux et des ambulances, comprenant l'intendance, les services de santé, d'administration, de transport des blessés et les aumôniers ; un accord pour stipuler que les habitants du pays, qui porteraient secours aux blessés, seraient respectés et demeureraient libres ; que, pour la répartition des charges relatives au logement des troupes et aux contributions de guerre, il serait tenu compte, dans la mesure de l'équité, du zèle charitable déployé par les habitants. Il a fallu, pour donner une efficacité véritable à la bonne volonté des premiers contractants, que trente-trois États adoptassent successivement cette Convention, qu'elle pénétrât le droit des gens, qu'elle devînt une règle de conduite internationale à peu près universelle Quand on tâcha d'étendre en 1868 la Convention de Genève aux guerres maritimes, on ne parvint plus à rallier cette unanimité des suffrages, et tous les projets s'en allèrent en fumée.

Un nouveau lien particulièrement étroit a resserré cette solidarité des nations. Il a été convenu que les militaires blessés ou malades seraient recueillis et soignés sans distinction de nationalité. Quel progrès ! Reportez-vous, s'il vous plait de mesurer le chemin parcouru, au grand traité de Grotius sur *Le Droit de la Guerre et de la Paix*, et jetez les yeux sur le chapitre intitulé : « Du droit qu'on a sur les prisonniers de guerre. » Certes Grotius était un réformateur ; il adjurait les chrétiens de ne pas traiter avec la dernière rigueur leurs ennemis vaincus ; mais, ayant à constater ce qu'était le droit des gens au commencement du dix-septième siècle, il écrivait : « Sont réputés esclaves tous ceux géné-
« ralement qui se trouvent pris dans une guerre publique et en forme...
« sans en excepter ceux qui se sont malheureusement trouvés sur les
« terres de l'ennemi dans le temps que la guerre s'est élevée tout d'un
« coup. » Il ajoutait même : « Pour ce qui est des effets d'un tel
« esclavage, ils sont sans bornes. » Locke s'exprimait à peu près
dans les mêmes termes. Rousseau fit, au contraire, une brèche
profonde dans la vieille loi des nations en osant enseigner dans son
Contrat social : « La guerre n'est point une relation d'homme à homme,
« mais une relation d'État à État, dans laquelle les particuliers ne sont
« ennemis qu'accidentellement, non point comme hommes, ni même

» comme citoyens, mais comme soldats ». Cette nouvelle maxime s'empara peu à peu du monde civilisé. La Convention de Genève n'était pas encore signée quand les officiers et soldats des armées des États-Unis reçurent ces instructions mémorables : « Les prisonniers de guerre « devront, dans la mesure du possible, recevoir une nourriture convenable et saine, et être traités avec humanité... Tout ennemi blessé qui « sera capturé sera aussi bien soigné que le permettront les ressources « du service médical de l'armée ». C'était la pierre d'attente : les assises définitives sont posées à Genève en 1864. Désormais le nouveau droit de la guerre est fondé. Toutes les nations le sanctionnent tour à tour : la Russie par son règlement du 1er août 1877 sur les prisonniers de guerre, l'Espagne et le Portugal par leurs règlements sur le service des armées en campagne (1882 et 1890), l'Italie par son règlement du 6 mars 1882 sur le service en temps de guerre, la France par son règlement du 21 mars 1893 sur les prisonniers de guerre (1), l'Angleterre par son *Manual of military law*, réédité en 1887, où je lis : « Non seulement les « blessés doivent être épargnés, mais l'humanité commande que, s'ils « tombent au pouvoir de leurs ennemis, les soins qu'ils en recevront ne « soient surpassés que par ceux donnés aux blessés des capteurs ». Dans la guerre de 1877-1878, la *Croix-Rouge* roumaine assistera, sur 4,696 blessés ou malades, 1,042 turcs. C'est une *Jérusalem nouvelle* qui resplendit aux yeux des hommes.

La Conférence de 1863 avait prévu que les Comités des nations belligérantes pourraient solliciter le concours des Comités appartenant aux nations neutres (2). Elle avait donné, par là même la plus haute leçon de solidarité, puisqu'elle faisait appel à la charité pure. Cette fois, le patriotisme lui-même n'est plus en jeu; c'est l'amour des hommes qui prend pied sur le champ de carnage et fait évanouir à son contact les fantômes enfantés par l'orgueil, par le délire ambitieux, par la soif des conquêtes. On vit les neutres à l'œuvre pendant la guerre franco-allemande de 1870-1871. L'agence internationale de Bâle se chargea de diriger, de transmettre, de répartir les correspondances, les renseignements, les offrandes ; elle recueillit 630,000 fr. d'offrandes. L'assistance des neutres prit d'ailleurs les formes les plus diverses : contributions en argent et en matériel, envoi de médecins et d'infirmiers, création d'am-

____

(1) *Bull. offic. du min. de la guerre*, 1893. I, n. 12. Comp. E. ROMBERG, p. 260.

(2) *Résolutions*, art. 5, § 2.

bulances volantes ou sédentaires, confection des objets de pansement. Sur quinze Comités centraux, douze participèrent à ce mouvement : l'Angleterre, outre une grande quantité de marchandises (douze mille caisses en 188 jours), donna 7 millions et demi en espèces ; toutes les communes luxembourgeoises s'associèrent, après la capitulation de Sedan, pour fournir à tour de rôle du pain aux soldats et aux habitants affamés ; on établit à La Haye un vaste dépôt où affluèrent des approvisionnements de tout genre ; la Suisse rendit des services inappréciables, surtout à partir du moment où une armée française en détresse, forte de 85,000 hommes, dont 5,116 malades ou blessés, vint lui demander asile. On vit, une seconde fois, les neutres à l'œuvre dans la guerre d'Orient, en 1877-1878 ; l'agence internationale de Trieste recommença ce qu'avait fait sept ans plus tôt l'agence de Bâle : neuf Comités centraux des pays neutres utilisèrent ses services. En France, en Italie, en Hollande, les grandes compagnies de transport abaissèrent leurs tarifs. Les Pays-Bas défrayèrent une ambulance complète. L'Allemagne envoya des sœurs de charité, même à Constantinople. La *Croix Rouge* anglaise se surpassa : elle achemina vers la mer Noire un navire chargé d'un matériel qui représentait une valeur de 175,000 fr. et accompagné de cinq chirurgiens ; débarrassé de son chargement, ce vaisseau fut affecté au service hospitalier et au transport des blessés ; des ambulances volantes circulèrent en Europe et en Asie ; des hôpitaux furent installés sur plusieurs points, du Danube à la mer Egée, etc. Si « la justice et la paix doivent s'embrasser », selon l'expression des saints livres, il est particulièrement utile qu'elles se donnent l'accolade au moment où la guerre vient de promener la mort, les maladies, les blessures, la faim, de multiplier les souffrances des âmes, d'allumer l'incendie, de ravager les moissons, de détruire les villes et de ruiner les peuples.

IV

Autres caractères essentiels.

Les sociétés de la *Croix rouge*, quoiqu'assurément maîtresses de leurs statuts et de leur mécanisme intérieur, ne peuvent, sous peine d'être paralysées dans leur action, se soustraire à quelques règles fondamentales.

D'abord, elles doivent se faire agréer par leur gouvernement national comme auxiliaires du service de santé militaire. Elles ne procèdent pas de ce gouvernement, mais ne peuvent se passer de lui. Nul ne peut contraindre un Ministre de la Guerre à prendre des auxiliaires qui ne lui conviennent pas. Il a le droit d'exiger, non seulement certaines garanties de moralité, mais un certain degré d'organisation, un ensemble de qualités spéciales et de connaissances techniques. Ensuite il faut prévenir certains excès de zèle qui pourraient gêner les opérations militaires et, par dessus tout, empêcher les conflits avec le service sanitaire officiel. C'est ainsi que, d'après le décret français du 19 octobre 1892, le rôle des sociétés d'assistance consiste essentiellement : 1° à créer dans les places de guerre, villes ouvertes et autres localités *désignées par le Ministre de la Guerre ou les généraux commandant le territoire, sur la proposition des Directeurs du Service de santé*, des hôpitaux auxiliaires destinés à recevoir les malades et blessés de l'armée qui, faute de place, ne pourraient être admis dans les hôpitaux militaires ; 2° à prêter leur concours au *Service de l'arrière*, en ce qui concerne les hôpitaux auxiliaires de campagne de ce service ; 3° à faire parvenir aux destinations *indiquées par les Ministres de la Guerre et de la Marine*, les dons qu'elles recueillent pour les malades et les blessés. Le personnel des sociétés d'assistance employé dans les infirmeries de gare et dans les hôpitaux auxiliaires de campagne est autorisé à porter un uniforme *déterminé par le Ministre de la Guerre*. Les brassards portés par le personnel de ces mêmes sociétés, conformément à l'article 7 de la Convention de Genève, sont revêtus du cachet du Ministre de la Guerre et d'un numéro d'ordre ; il est délivré en même temps une carte nominative qui porte le même numéro que le brassard, et qui est signée par le Directeur du Service de santé du corps d'armée. Enfin l'autorité militaire détermine les catégories de malades ou blessés dont le traitement peut avoir lieu dans les établissements desservis par les sociétés d'assistance. Dans d'autres pays de l'Europe, ces sociétés sont rattachées au Ministère de la Guerre par un lien de dépendance encore plus étroit. Résumons-nous en un mot. Rien ne doit rompre, après l'ouverture des hostilités, la cohésion de l'organisation militaire, y compris le service de santé ; car les Sociétés de la *Croix Rouge* entrent, en temps de guerre, dans les cadres de l'organisation militaire.

En général, chaque société de la *Croix Rouge* « embrassera dans sa « sphère d'action normale son pays tout entier (1). » C'est ainsi que, chez nous, les trois sociétés d'assistance reconnues d'utilité publique s'étendent

---

(1) MOYNIER. *Notions essentielles sur la Croix Rouge* (1896), p. 43. Toutefois cette règle est, à notre avis, moins absolue que ne l'enseigne M. Moynier. On ne l'a pas toujours observée en Allemagne. On s'en écartera naturellement dans certains États fédératifs.

à tout le territoire de la république française. Cela n'empêche pas un gouvernement d'utiliser, le cas échéant, les éléments d'une organisation régionale, s'ils s'offrent à lui. Par exemple, en France, dans chaque région de corps d'armée, chaque société est représentée par un délégué régional, choisi par son conseil supérieur, agréé par le Ministre de la Guerre, accrédité par ce Ministre auprès du général commandant le corps d'armée et du Directeur du Service de santé. Ce délégué fait parvenir au Ministre, par la voie hiérarchique, toutes les propositions qui concernent « le fonctionnement de la région. » On peut éviter, par là, certains frais, quelques pertes de temps, quelques déperditions de force. Mais, chez nous du moins, aucune des sections locales ne cantonne ses efforts ni l'emploi de ses ressources. Fût-elle cachée dans le plus obscur et le plus lointain de nos villages, elle appartient à la France indivisible, elle rayonne sur la patrie tout entière.

Enfin chaque société doit accueillir dans son sein tous ses nationaux, sans distinction d'opinions politiques et de croyances religieuses. Je ne suis pas suspect en réclamant une telle impartialité, car je ne fais profession d'indifférence ni dans les matières religieuses ni dans les matières politiques. Bien plus, je suis convaincu que le sentiment religieux ennoblit les cœurs, exalte les dévouements et les courages, qu'il préserve de certaines défaillances, qu'il est, dans la plupart des cas, le plus infatigable auxiliaire du sentiment patriotique. Mais, cela posé, j'ajoute que tous les nationaux : catholiques, protestants, israélites, royalistes, républicains de toutes nuances peuvent et doivent se donner rendez-vous sur le terrain commun que leur assigne la Convention de Genève. La *Croix Rouge* étend ses deux bras sur le monde entier, sans acception de partis et de personnes. Votre secrétaire général est au premier plan parmi les prédicateurs de cet évangile patriotique (1). J'ai retenu cet appel qu'il vous adressait un jour : « Que la vaillance et le souci du « bien-être de nos soldats se montrent à nous sous le brillant uniforme « de l'officier; que le dévouement dans les hôpitaux militaires, les « ambulances ou dans les calamités publiques nous apparaisse sous la « robe de bure d'une religieuse ou sous la robe de soie de l'une de vous, « Mesdames, nous saluons toujours avec un profond respect ». Nul n'a su jeter à tous les échos d'une voix plus vibrante ce cri qui sort de la poitrine de la France, à l'heure critique où sa frontière est menacée : « A moi tous mes enfants ! »

(1) Rapport du 16 novembre 1883.

L'institution de la *Croix Rouge* est assurément un signe des temps. L'heure où tous les co..lits entre nations seront réglés, comme de simples procès, par un tribunal international, n'a pas encore sonné. Mais on a pu, sans invraisemblance, recueillir et coordonner une série de faits « préparatoires à l'abolition de la guerre ». L'horreur des fléaux que la guerre accumule est un des facteurs de l'évolution qui s'opère lentement dans l'univers. Plus de violences, plus de pillages, plus d'exactions, puisque la guerre ne se fait pas d'homme à homme : les soldats qui s'entre-tuent à distance accomplissent froidement une fonction. Ce n'est pas, en général, pour assouvir leur haine ou leur vengeance qu'ils se donnent des coups mortels. On frappe d'une main ; de l'autre, on panse la blessure qui vient d'être faite. En perdant sa manière d'être, la guerre perd, dans plus d'un cas, sa raison d'être. Le développement des sociétés de secours aux blessés est, comme l'arbitrage international, une forme du mouvement pacifique au dix-neuvième siècle. C'est par cette proposition que je veux terminer la première partie de ma conférence.

DEUXIÈME PARTIE.

I

Les femmes et la Croix Rouge.

Lamartine a tracé, dans ses *Préludes*, un tableau du champ de bataille, dont la sublime horreur n'a jamais été surpassée. Le canon ne gronde plus ; les feux ont cessé de croiser les feux, le fer de frapper le fer.

> Tout à coup le soleil dissipant le nuage
> Éclaire avec horreur la scène du carnage ;
> Et son pâle rayon, sur la terre glissant,
> Découvre à nos regards de longs ruisseaux de sang,
> Des coursiers et des chars brisés dans la carrière,
> Des membres mutilés épars sur la poussière,
> Les débris confondus des armes et des corps,
> Et les drapeaux jetés sur des monceaux de morts.

Mais écoutez surtout l'appel désespéré qui va suivre. Le poëte se retourne avec des sanglots vers les survivants et les apostrophe dans son admirable langage :

> Accourez maintenant, amis, épouses, mères !
> Venez compter vos fils, vos amants et vos frères ;
> Venez sur ces débris disputer aux vautours
> L'espoir de vos vieux ans, le fruit de vos amours.
> Que de larmes sans fin sur eux vont se répandre !
> Dans vos cités en deuil que de cris vont s'entendre,
> Avant qu'avec douleur la terre ait reproduit,
> Misérables mortels ! ce qu'un jour a détruit.

Mais la foi qui n'agit point n'est qu'une moitié de la foi. Ce que le poète ne disait pas, c'est que les épouses et les mères, après avoir pleuré sur leurs morts, étaient prêtes à s'acquitter d'un autre devoir. Il s'agit de disputer à la mort ceux qu'elle n'a pas encore fauchés, et de les rendre à la patrie.

C'est ici que votre rôle, Mesdames, devient incomparable. La femme est-elle l'égale de l'homme ? Peut-être, au moins dans les régions de la pensée. Mais quelle n'est pas sa supériorité sur l'homme dès qu'il s'agit de soigner des malades ou de guérir des blessés ! D'abord il y a dans la préparation des moyens de secours des travaux qui sont du domaine propre de la femme et pour lesquels on ne saurait se passer d'elle. Dans la phase de l'action proprement dite, cet être si frêle a conquis en un clin d'œil une force de résistance surhumaine et devient capable de braver les plus grandes fatigues ; il supportera les longues nuits sans sommeil, se courbera pendant des heures entières sur un lit de douleurs et prouvera qu'un corps fragile est gouverné par une âme indomptable. Oui, cette âme héroïque et tendre porte en elle des secrets qui nous échappent. La femme pressent ce que la science va bientôt révéler aux hommes de l'art. Avertie du danger par un instinct merveilleux, elle court sur la brèche, elle se place au point vulnérable, tient tête à la mort menaçante et la fait reculer. Les plaies seront pansées d'une main plus légère. Une voix moins rude résonnera plus doucement à l'oreille du malade et sera docilement obéie. Un nouvel esprit d'ordre s'introduit dans les petites choses. Le médecin, le chirurgien s'inclinent et constatent sans la moindre jalousie que le divin rayonnement de la pitié féminine a ranimé des forces épuisées et cicatrisé des blessures profondes. M. MOYNIER, frappé des résultats obtenus, déclarait il y a quinze ans, que « la coopé- « ration des deux sexes était indispensable pour le complet épanouissement « de la *Croix Rouge* ». Les sociétés d'hommes, ajoutait-il avec orgueil, ont presque partout pour auxiliaires des sociétés de dames. C'était le gage du succès. On s'est plaint quelquefois, Mesdames, de votre mobilité : mais, dans l'organisation des secours aux blessés comme dans la sphère générale des œuvres charitables, c'est votre sexe, je le dis très-haut, qui donne au nôtre des leçons de persévérance.

II

Les Femmes allemandes et les Femmes russes.

Les femmes allemandes vous avaient, il faut le reconnaître, donné l'exemple et tracé la route à suivre. Sans parler du grand-duché de Bade où le sexe féminin avait mis, le premier, la main à l'œuvre, l'*Union patriotique des Dames allemandes*, présidée par l'impératrice Augusta, fut astreinte par ses statuts à former des infirmiers et à tenir prêts, suivant les règles prescrites, le matériel pour les pansements ainsi que tous les objets de lazaret. Toutes les sociétés de dames furent constituées par ces mêmes statuts, pendant la paix, en *Comités d'assistance* pour les malheurs et les misères extraordinaires. Ceux-ci furent rattachés par un lien officiel à l'organisation communale, et continuellement secourus ou subventionnés par leur protectrice. Dès 1877, le nombre des sociétés de dames s'était élevé de 383 à 1000 ; les Hollandais, dans la guerre d'Atchin, plus tard les Monténégrins et les Serbes, plus tard encore les Russes, les Roumains, les Turcs en reçurent d'importants secours ; elles envoyèrent successivement à tous ces belligérants, en temps opportun, des médecins, des infirmiers, des médicaments, des vêtements et de l'argent. En 1879, l'*Union des Dames allemandes* avait des succursales en Danemark, en Angleterre, au Canada. L'Autriche, stimulée par leur exemple, fonda bientôt des hôpitaux où les ambulancières se forment au contact des malades : en 1889, l'hôpital Élisabeth, fondé par les Dames autrichiennes, avait reçu 736 malades et donné l'instruction à plus de 120 ambulancières religieuses ou laïques. M. Duchaussoy vous disait, le 28 novembre 1890 : « La *Société patriotique des Dames allemandes* possède en capital et en « biens-fonds une fortune totale de 6,048,963 fr. ; en Autriche et en « Hongrie, la fortune des sociétés de dames se chiffre aussi par millions.» « Il y a, vous répétait-il en 1896, dix-sept hôpitaux allemands pour « l'instruction des dames. » Ces faits et ces chiffres ont une singulière éloquence.

Le zèle des femmes russes n'est pas moins admirable. Elles ont fondé la corporation des « Sœurs de Saint-Georges » qui donne des garde-malades aux établissements hospitaliers de l'armée. En outre, dans la guerre de 1877-1878, un grand nombre de dames se sont groupées en ateliers de travail pour approvisionner les hôpitaux d'articles de pansement, et plusieurs princesses de la famille impériale ont ouvert leurs palais à ces réunions ; à Pétersbourg, les Sœurs de l'Exaltation de la Croix ont instruit gratuitement les gens qui voulaient soigner les blessés ; à l'hôpital israélite d'Odessa, un cours a été ouvert pour former des femmes juives au service des ambulances ; l'ambulance libre de la grande-duchesse Olga Féodorowna rendit, à la même époque, de très grands services dans les provinces caucasiennes. Votre Secrétaire général vous a signalé plusieurs fois le merveilleux hôpital des dames de Saint-Pétersbourg : à leur tour, les dames de Moscou ont créé un asile pour les militaires estropiés ; celles de Varsovie ont fondé, à elles seules, une maison pour 56 invalides et leurs familles, deux hospices pour les officiers démissionnaires estropiés et leurs familles, une maison de logements à bon marché pour 33 familles, etc., etc. ; il en est de même des dames de Kiew, de Saratow, etc.

La femme française ne pouvait pas, dans cet élan de miséricorde et de patriotisme, rester au second plan. Ce peuple est, quoi qu'il fasse, un peuple propagandiste ; il éprouve un invincible besoin de répandre ses idées et de se communiquer lui-même. Il a porté l'Évangile et la Croix aux extrémités du monde ; il a coopéré, même contre son propre intérêt, à la résurrection des peuples ; il est le grand apôtre de la civilisation universelle. Mais la femme française est placée, par ses qualités natives, à la tête de cet apostolat ; elle possède au plus haut point les dons naturels de la race : l'instinct du devoir et la soif du droit, le besoin de franchir les obstacles, une foi vaillante dans le succès des nobles causes, l'amour intrépide des faibles et des opprimés. Elle eût cessé d'être elle-même si elle ne s'était mise à l'œuvre.

III

L'Association des Dames françaises. Son origine et son histoire.

L'Association des Dames françaises se rattache par un lien très direct à l'École de garde-malades et d'ambulancières fondée par le Dr Duchaussoy, qui en avait soumis le plan dès le mois de juillet 1876 à la *Société de Médecine pratique de Paris*, puis autorisée en 1877 comme établissement d'enseignement supérieur par le Ministère de l'Instruction publique. Les directeurs de cette École avaient, non seulement organisé des cours et tenté de procurer aux élèves les occasions d'appliquer leurs connaissances théoriques, mais encore tâché de former un groupe de « dames patronnesses » qui, après avoir coopéré au recrutement de ces élèves, auraient placé plus tard les plus recommandables, et dont les souscripteurs auraient facilité l'achat d'un matériel.

Quelques mois après (2 mars 1878), les Ministres de l'Intérieur et de la Guerre firent signer par le Maréchal DE MAC-MAHON, Président de la République, un décret « portant règlement pour le fonctionnement de « la *Société française de secours aux blessés des armées de terre et de mer*, » reconnue comme établissement d'utilité publique depuis le 23 juin 1866. Le chef du pouvoir exécutif autorisait cette société, en temps de guerre : 1° à créer sur les derrières des armées, dans les régions qui leur seraient désignées par le Ministre de la Guerre ou les généraux commandant en chef, des établissements hospitaliers destinés à recevoir les blessés et les malades appartenant aux armées ; 2° à prêter dans certaines conditions, son concours au service des ambulances d'évacuation et des ambulances de gare. Toutes les associations qui pourraient se former dans le même but et qui ne seraient pas reconnues comme établissements d'utilité publique, devraient être rattachées à la *Société de secours* (1).

C'est l'année suivante que se fonda l'*Association des Dames françaises*. Une séance préparatoire avait été tenue le 15 mai 1879 à la mairie du sixième arrondissement. Le Dr DUCHAUSSOY provoqua, le 31 octobre, la réunion d'une assemblée plus nombreuse à l'Hôtel Continental. Il y proposa, pour obtenir l'unité d'impulsion, la fondation d'un Comité central qui siégerait à Paris. Ce Comité devait comprendre : 1° les membres de l'Association qui ne payaient pas de cotisation, mais qui offraient leurs services actifs en cas de guerre ou de calamité publique et qui résidaient à Paris ou aux environs ; 2° les membres de l'Association payant une cotisation de 10 ou de 20 francs. Un *Comité d'action*, issu du Comité central, était chargé de la direction générale, devait prendre toutes les mesures d'administration nécessaires et notamment donner force exécutoire aux délibérations des diverses commissions. Votre Secrétaire général traçait au futur Comité central un large et lumineux programme : 1° Rechercher et réunir des femmes de diverses conditions

(1) Toutefois cette disposition ne s'appliquait pas aux ambulances locales dont l'action ne s'étendait pas hors de la commune où elles étaient établies (décret du 2 mars 1878, art. 2 § 2).

capables d'exercer des fonctions actives : supérieures, surveillantes, infirmières, et leur faire donner l'instruction technique ; 2° Organiser la propagande dans les provinces ; favoriser par tous les moyens possibles la formation des Comités locaux sur tous les points du territoire ; arriver par là même à stimuler et à mettre en jeu toutes les bonnes volontés ; 3° Réunir un matériel de secours toujours prêt, même en temps de paix, pouvant être promptement décuplé, centuplé même en temps de guerre ; 4° Donner largement dans Paris, l'enseignement théorique et pratique aux dames ambulancières ; 5° Choisir un matériel d'enseignement, tant pour Paris que pour les Comités départementaux qui n'en pourraient faire les frais. Tous les cœurs vibrèrent à l'unisson. Les « Dames françaises » répondirent à l'appel que leur adressaient la raison, la prévoyance, le devoir, la charité, le patriotisme, et s'élancèrent dans la voie qui leur était ouverte.

Toutefois une scission se produisit au printemps de 1881. Les dissidentes, sous le nom d'*Union des Femmes de France*, fondèrent une autre société de secours aux blessés.

L'une et l'autre sociétés devaient, pour se conformer au décret du 2 mars 1878, ou se placer dans l'orbite de la société de secours aux blessés ou se faire reconnaître comme établissements d'utilité publique. Elles prirent l'une et l'autre le deuxième parti. Par un premier décret du 6 août 1882, que contresigna M. Goblet, ministre de l'intérieur, le Président de la République accorda cette reconnaissance à l'*Union des Femmes de France* et sanctionna ses statuts : « L'*Union des Femmes de* « *France*, y lisait-on, a pour objet la préparation et l'organisation des « moyens de secours qui, dans toute localité, peuvent être mis à la « disposition des blessés ou malades de l'armée française ». Vos statuts furent approuvés par un décret postérieur du 23 avril 1883, contresigné par M. Waldeck-Rousseau, qui plaçait de même votre Association au rang des établissements d'utilité publique. J'ai à cœur de vous en relire les deux premiers articles : « L'*Association des Dames françaises* a pour objet « la préparation des diverses espèces de secours que les militaires et « les marins peuvent recevoir ; elle s'occupe, en particulier, de former « un personnel de femmes capables de rendre des services dans l'inté-« rieur des ambulances en temps de guerre ; de réunir le matériel « nécessaire, surtout en objets de pansement. Elle a son siège à Paris, « sauf le cas de force majeure » (art. 1). « En cas de fléaux ou de « désastres publics, la société pourra offrir son concours aux autorités « compétentes » (art. 2).

Un second décret, « portant règlement pour le fonctionnement de l'*Association des Dames françaises* » et daté du 16 novembre 1886, fut publié au *Journal Militaire officiel*. Il vous autorise expressément à seconder, en temps de guerre, le service de santé militaire, et à faire parvenir aux malades et aux blessés les dons que vous recevez de la générosité publique, mais en réservant exclusivement le service de première ligne et les hôpitaux d'évacuation au service de santé militaire. Il caractérise votre intervention qui « peut consister » : 1° à créer des hôpitaux auxiliaires ; 2° à faire parvenir des dons volontaires aux blessés. Il vous laisse le choix du personnel d'exécution (médecins, pharmaciens, comptables, etc.). Il organise vos rapports avec le gouvernement. Il vous enjoint d'adresser, en temps de paix, tous les six mois, au ministre de la guerre, un rapport destiné à lui faire connaître les moyens dont l'Association dispose en personnel et en matériel.

Enfin parut, à la date du 19 octobre 1892, le décret fondamental « sur « le fonctionnement général des sociétés d'assistance aux blessés et « malades des armées de terre et de mer ». La *Société Française de Secours aux Blessés* reste chargée du service des infirmeries de gare. A cela près, les trois sociétés d'assistance reconnues d'utilité publique sont mises sur le même plan. Toutes les associations qui pourraient se former dans le même but et qui ne seraient pas reconnues comme établissements d'utilité publique doivent se rattacher à l'une d'elles et sont dès lors assujetties aux dispositions du nouveau règlement. L'analyse en serait beaucoup trop longue et sortirait du cadre que je me suis tracé. Je rappelle seulement, pour faire comprendre à tous mes auditeurs l'étendue de vos besoins, que les sociétés d'assistances doivent se procurer elles-mêmes, en principe, le matériel indispensable à l'installation de leurs établissements et à l'exécution de leurs services (1). De même, dans les localités où les sociétés créent des établissements hospitaliers, elles sont tenues de fournir, *avec leurs propres ressources*, les médicaments, objets de pansement, denrées, liquides, combustibles, objets de consommation nécessaires au traitement des malades (2). Hélas ! l'argent reste encore le nerf de la guerre, même quand il ne s'agit plus que de réparer les maux causés par la guerre.

(1) Les prêts de matériel ne sont faits que très exceptionnellement par l'administration de la guerre.

(2) L'administration ne peut fournir les denrées et objets nécessaires que par exception, dans les places investies.

IV

Services rendus et progrès accomplis.

Ah! si je voulais énumérer tous les services déjà rendus par l'*Association des Dames françaises*, trois ou quatre conférences ne suffiraient pas; le sujet ne serait pas encore épuisé. J'ai peine à faire un choix entre tant d'actes de dévouement et je crains, en me bornant à choisir, de vous donner une idée bien superficielle du rôle que cette société joue dans le monde.

Vous savez qu'en cas de fléaux ou de désastres publics elle peut offrir son concours aux autorités compétentes (sans pouvoir toutefois employer en espèces, pour cette sorte de secours, outre les sommes annuellement disponibles, plus d'un vingtième du fonds de réserve). Pour comprendre exactement comment elle s'est acquittée de cette première tâche, il faudrait interpeller les passagers échappés aux massacres d'Alexandrie en 1882, les cholériques de Toulon et de Marseille, notamment ceux qui furent soignés à Marseille en 1884 à l'hôpital du Pharo, les villages d'Aiguilles et du Villard-la-Madeleine, dans les Hautes-Alpes, détruits par des incendies. M. Duchaussoy est un de ceux qui ont le plus vivement souhaité de ne pas restreindre l'action de la société aux victimes de la guerre. Il avait cent fois raison. La guerre sommeille quelquefois, la charité jamais.

Les périodes de paix universelle sont d'ailleurs plus rares qu'on ne se le figure. Parcourez la collection des rapports lus à vos assemblées générales : vous y verrez qu'il y a toujours, sur quelque point du globe, des soldats malades ou blessés à secourir. Dans l'année 1883, l'Association expédie en Tunisie des ceintures de flanelle, des tricots de coton, des bonnets de nuit, du chocolat, du quinquina, en même temps qu'elle adresse à la supérieure de l'hôpital français du Caire 150 doses de sous-nitrate de bismuth et 100 doses de *discordium*. En 1884, elle envoie des dons très importants au corps expéditionnaire du Tonkin. Redoublant d'efforts en 1885, elle envoie, soit aux soldats du Tonkin, soit aux marins du corps expéditionnaire de Chine, 12,000 pièces de lingerie; le total des dons en argent et en nature faits par tous les Comités réunis atteint, cette année-là, 110,000 francs. Elle s'occupe avec ardeur des marins ou des soldats qui reviennent de l'Extrême-Orient et peut constater avec orgueil, en 1886, qu'elle a secouru individuellement, en deux ans, 2,490 rapatriés. Jetant, en 1889, un coup d'œil sur sa situation intérieure, elle reconnaît avoir donné ou dépensé, depuis sa fondation, une somme de 610,000 francs, en même temps qu'elle établissait 150 centres de secours.

En 1896, elle pourra constater que le total des dons et des dépenses s'élève à 1,700,000 francs. Les guerres du Dahomey et de Madagascar avaient offert à cette époque un nouvel élément à son activité. Le climat de Madagascar épuisait tant d'hommes valides! Les divers comités, au premier rang desquels il faut placer celui de Marseille, avaient soigné, secouru, encouragé, au 1er novembre 1896, 6,182 rapatriés : 145,000 francs avaient été dépensés, en vingt mois, pour le corps expéditionnaire de la grande île. Voilà, Mesdames, vos titres de noblesse : je n'en connais pas de plus glorieux.

J'aurai terminé cette rapide esquisse en rappelant avec quelle persévérance vous avez, Mesdames, utilisé la paix en vue de la guerre. En 1892, l'*Association des Dames françaises* a introduit en France les cours de brancardiers pour les lycéens de seize à vingt ans. En 1893, elle s'est rattaché d'une manière officielle et définitive l'*École des garde-malades et ambulancières* fondée en 1876 par M. Duchaussoy ; elle y fait enseigner publiquement et gratuitement, deux fois par semaine, les matières suivantes : anatomie et physiologie, notions sur les maladies, pharmacie, hygiène, soins généraux à donner aux malades, premiers soins à donner aux blessés. Dès que les cours ont pris fin, commencent les examens à la suite desquels peut être délivré le diplôme d'ambulancière. Enfin, après neuf ans de travaux et d'efforts continus, l'Association a, le 29 juin 1896, ouvert à Auteuil son *Hôpital d'instruction des Dames ambulancières.*

C'était le premier de ce genre qu'on eût construit en France.

Je l'ai visité dans l'après-midi du 20 janvier, accompagné par mon excellent collègue M. Faye, membre du Conseil d'administration. Mme l'amirale Jaurès, vice-présidente de l'Œuvre, Mme Binot, administrateur de l'hôpital, Mme Thierry-Labrange, surveillante générale, me reçurent avec une bonne grâce et une courtoisie qui m'ont profondément touché. Je m'attendais, d'après les renseignements que j'avais recueillis, à trouver un établissement installé dans les meilleures conditions, et cependant mon attente a été dépassée. Quelles merveilles d'aménagement! Quelle admirable et minutieuse propreté! J'ai parcouru ces deux salles de douze lits chacune, affectées l'une au service de la médecine, l'autre au service de la chirurgie, claires, lumineuses, aérées. C'est là que des hommes de cœur et de science, parmi lesquels je veux citer le Dr Pochon, le Dr Thérèse, l'interne résidant Boyer, le Dr Bellencontre, le Dr Mauron, prodiguent généreusement leurs soins aux blessés et aux malades. Ces vingt-quatre malades hospitalisés suffisent d'ailleurs à l'instruction pratique des ambulancières.

S'il éclatait quelque guerre ou quelque épidémie, on pourrait quintupler l'effectif en 48 heures, et bientôt, ainsi que me l'a très bien expliqué Mme THIERRY-LADRANGE, recevoir environ 200 malades. Cinq tentes à double paroi, en fer et en toile, pouvant contenir chacune au moins 20 lits, seraient établies sur un emplacement spécial réservé dans le beau jardin de l'hôpital. La tente-type, véritable chef-d'œuvre, qui a déjà fonctionné avec le plus grand succès en 1890, dans l'épidémie d'*influenza* qui a dévasté Neuilly, y figure avec son remarquable système de chauffage, son beau couloir d'isolement, son aménagement perfectionné. Deux autres tentes sont toute prêtes.

Ne quittons pas encore le jardin. Tout le matériel des hôpitaux de campagne y est méthodiquement accumulé dans un vaste bâtiment, isolé de l'hôpital proprement dit. Chaque travée, dans la grande salle du rez-de-chaussée, contient un grand nombre d'objets, représentant autant de fois 10,000 francs qu'il y a de travées, répartis d'une façon logique entre un certain nombre de paniers ou de caisses qui portent un numéro d'ordre officiel : caisse de pharmacie, caisse de chirurgie, caisse des pansements, caisse des appareils, etc. Au premier étage quatre salles sont remplies par d'importantes réserves de linge, une cinquième par la réserve des couvertures et des paillasses; le deuxième étage, occupé par la ferblanterie, par des matelas, par une grande quantité de bandages, peut être transformé sur le champ en un grand dortoir.

Si nous retournons à l'hôpital par la principale porte d'entrée, le sol du vestibule offre d'abord à nos yeux une grande croix rouge sur fond blanc, emblème de l'Association. A gauche la salle des consultations qui forme un appartement distinct. 12,000 de ces consultations gratuites ont été données dans l'année qui vient de s'écouler. Puis, dans la partie centrale, la salle des cours et des conférences, où les futures ambulancières reçoivent un enseignement théorique et technique, la salle de pharmacie, gaiement éclairée par trois fenêtres et flanquée d'une cuisine particulière : les dames y viennent aider les pharmaciens d'Auteuil qui donnent à l'œuvre un concours gratuit. Nous avons été surtout frappés par l'aménagement de la salle des opérations, installée selon toutes les règles de l'hygiène et toutes les prescriptions de la science contemporaine : on n'y a pas perdu, jusqu'à ce jour, un seul des malades opérés.

Tout cela coûte cher : c'est à 610,580 fr. 61 centimes, que montaient, au 1er novembre 1897, les sacrifices pécuniaires faits par l'*Association des Dames françaises* pour son hôpital. Quoique le découvert fût alors d'une somme de 11,317 fr. 15 centimes, elle ne regrette aucune de ces dépenses. On l'a dit avant moi : les hôpitaux de Paris sont et doivent être envahis par les étudiants en médecine, et ce n'est pas pour les Dames que les cliniques sont faites. Il faut cependant donner aux ambulancières une intruction pratique. C'est pourquoi chaque province allemande a son hôpital féminin; des milliers de femmes de tout rang s'y sont instruites et disciplinées; les grandes Dames, les souveraines elles-mêmes veulent y faire un stage et y obtenir leur diplôme. Une sainte émulation vous a saisies et vous avez, de ces faibles mains qui ne se lassent pas, élevé ce monument de charité, de prévoyance, de tendresse, à l'armée et à la patrie françaises.

Mesdames et Messieurs, ce pays est, par malheur, un des plus divisés qu'il y ait au monde. Plusieurs partis, qui se subdivisent eux-mêmes en sectes rivales, s'y sont très longtemps disputé le pouvoir avec fureur, et leurs traités de paix ne sont, en général, que des trèves. Cet état ne date pas d'hier. La France était, à la fin du seizième siècle, divisée en deux factions résolues à s'exterminer. Henri IV fonda pour la seconde fois l'unité nationale en composant de ces peuples ennemis un seul peuple. Après avoir beaucoup choqué les deux partis, il en vint à les dompter, sans qu'ils se l'avouassent précisément eux-mêmes. Il mit ainsi tous les Français au service de la nation, ne laissant pas perdre une seule gerbe de la moisson qu'il était chargé de récolter sur le sol fécond de la France.

Savez-vous ce dont je félicite le plus l'*Association des Dames françaises?* C'est d'avoir compris à son tour qu'il fallait lier toutes les gerbes sans laisser gaspiller un seul épi. Il y a sans doute, sur la liste de votre Comité d'honneur consultatif, d'illustres Français dont je ne partage pas les opinions politiques, philosophiques ou religieuses. C'est une des raisons pour lesquelles j'ai franchement accepté la mission que votre Conseil d'administration a bien voulu me confier. Nous ne sommes pas, les uns ou les autres, assez oublieux de la grandeur et de la dignité nationale, pour éviter les points de contact. Quand il s'agit de secourir nos soldats blessés ou malades, comment toutes les mains, comment tous les cœurs ne s'uniraient-ils pas? Toutes les fois que nous trouvons une occasion de subordonner nos dissentiments ou nos rancunes au grand intérêt de la patrie, il faut la saisir et nous en emparer. C'est ainsi qu'on refait un peuple. En reprenant, en poursuivant sur le terrain de la charité patriotique l'œuvre de Henri IV, l'*Association des Dames françaises* donne un grand exemple. Elle a droit à la reconnaissance du pays.

AMIENS. — IMPRIMERIE PITEUX FRÈRES.

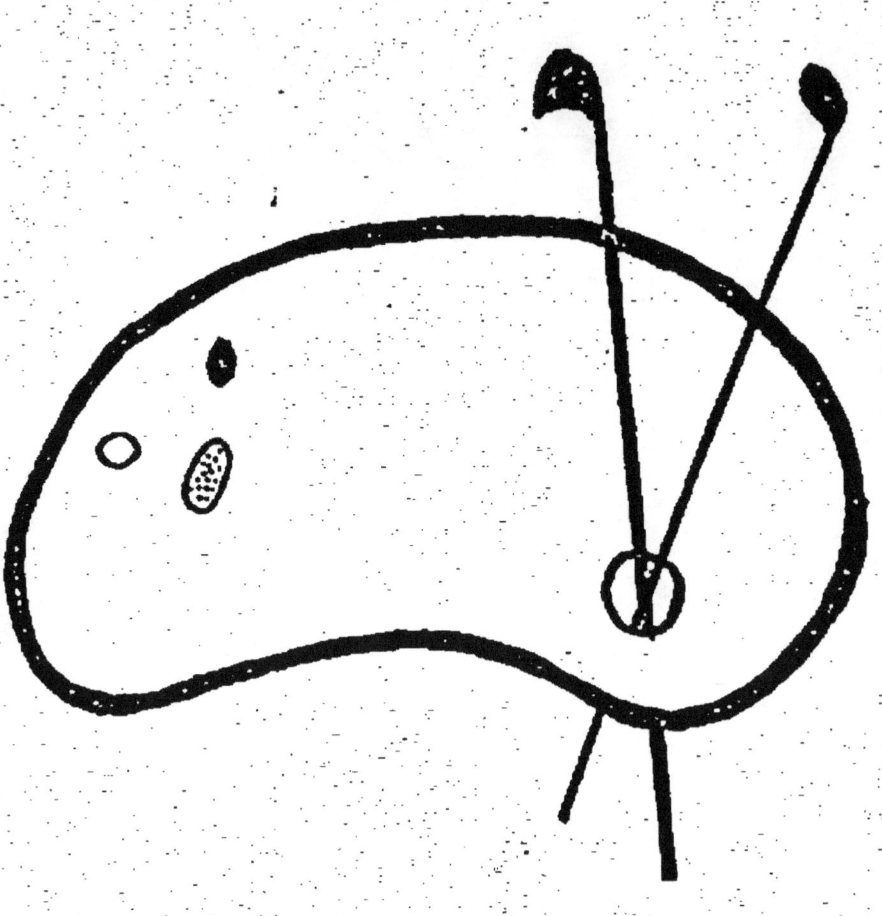

ORIGINAL EN COULEUR
NF Z 43-120-8